Gerrit büxt ut

Äin Kinnerbauk up Plattdütsk

vertellt van
Günter Hermes

mit Belder van
Piotr-Sylwester Wolfram

rutbracht van `n Emsländsken Heimatbund

Gerrit büxt ut

Utbüxen is mien Hobby. Allmantau. Äöwerall häbbt säi mi all funnen nao miene kotten Stippversiden – in den kläinen Buerngorden kägenän, bie 'n Kabelkran, midden tüsken de Höihner un äinmaol sogor in de grote Museumshalle. Wat harn de Lühe dor eeren Pläseer, äs ick in Galopp van äinen Hauk in den änneren suset bün un vör Schreck bolde koppheister göng. Man krägen häbbt säi mi alltied. Un utschennt häbbt säi mi uk jedetmaol. Dät wör di vlichte immer äin Spektaokel, du glöwes et nich. Soväl Puhee ümme so 'n bittken Utlop. Dorbie staiht mi dät doch tau äs dät Amen inne Markuskärke. Ick häbb nu maol dät Trecken nao Wiete un Abenteuer in mienen swattbunten Kinnerliev. Dor känns nicks kägen maken, man häff et, off man häff et nich. Un ick häbb et nu maol, dät is gewiss!

Man nu äis sinnig än. Ick kwättke hier wat rümme un häbb noch gor nich vertellt, well ick äöwerhaupt bün. Na, dänn hör maol nipp tau. Ick häit van Gerrit un bün äin Bigge, äin lüttken Swienejungen van'n Land. Mit Vader, Mauder, Bröers un Süsters läwe ick in Geeste-Grot Häspe in 't Emsland-Moormuseum. Wäis doch, dät Museum mit den groten Plaug. Büss doch wisse all maol dor wäsen.

Holt, stop! Wat hett hier Swien? Laot di bloot nicks vörjökeln. Miene Familge un ick bünt doch kiene van düsse Allerwelts-Mastswiene. Nee, mien Anhang un ick hört tau de Bunten Benthemer Swiene. Dät is 'ne Rasse, de den lessden Krieg bolde nich äöwerläwt har. Van uss güff dät nich mehr so väle, stell di dät maol vör. Dorbie bünt wi Benthemer heller taoh un fallt nich fort in Flaute, wenn äis dor maol äine lut bläken dait.

Wat, du kenns uss nich? Wi bünt doch de mit de swatten Pläcken up usen lechtgriesen Liev un mit de lustigen Slappohren. Wi bünt gesunde, bannig klauke un rübbeschiere Diere un häbbt nur alltaugern Sellskup un Frönde üm uss tau. Dor känns up än. Kiek doch äinfach maol rin, wenn du in de Näöchte büss. Un breng uk diene Lühe mit.

Et is nur Buer Gerhard Schulte-Bernd ut Isterberg tau verdanken, dät et uss Benthemer Swiene äöwerhaupt noch güff. De Mann häff uss reddet, dät wör noch maol 'n reseluten Kerl. Un dormit et uss uk in hunnerttwäiuntwintig Johren noch güff, häbbt 'ne Riege fixer Lühe ut de Graofschup Benthem den Verein zur Erhaltung des Bunten Bentheimer Schweines e.V. gründet. Na, dät is doch maol 'ne gaude Naoricht, nich? Ick finne dät up jeden Fall tau'n grunsken un häbb mi doräöwer bolde 'nen Knüpp in Steert fraiht. Sühste wall, un tauhope mit Höihner, Schaope, Göse un Kaihje bünt wi Diere de Üppsten in use mooie Moormuseum. Gäste un Besöiker mäöget uss natürlick äöwermaoten gern lien. Man ick känn uk in Brass kaomen, wenn ick den häilen Däg tau hören krieg: „Ach wie niedlich" un „Sind die Ferkelchen nicht süß" un aal so wat dorher. So smöije käönt nur de Mensken proten, de häbbt manges eere fieve nich bienänner un sticket eere langen Näsen äöwerall rin. Sowat hauet äinen doch glätt ut de Puschen. Nur dät Swiene un Biggen kiene Pantuffeln dräget.

Oha, dät känn ick di seggen, anförsück dait et mi hier än nicks fählen. Mit miene Öllern Gunnar un Gudrun verstaoh ick mi häilebest un mit miene Süsters un Bröers Gerda, Gesine, Gerlinde, Gerold, Georg un Geertken häbb ick all so äinige Dummechaiten utfräten. „Jao, de Rasselbande häff et fustdick ächter de Ohren", smustert Meike faken. Meike is use Dierflegerin. Säi is alltied gaud taurächte, un säi sarget för dät Fräten un Supen aale Dage. Dät wi Meike gänz däip in use Hätte slaoten häbbt, verstaiht sück jao wall van sümmes, nich wohr?

Fernweh

Dät Tauhus von miene grote Familge is 'n kommodigen Kaowen mit 'ne wunnerbore Mudderplaatze ächterut. Dor känn man äs Biggenkoppel utgiebig längs fägen un rümmebalgen. Swieg mi stille, wi häbbt säi aale all heller up Draff hollen. De Museumslühe, de wätet dor wall äin Läid van tau singen. Äin Läid mit väle, väle Strophen.

Wat menns du? Dänn is jao allens in Botter, un ick schöllde bloot taufräe wään? Man jüst hier knipp dät bi mi. Ick häbb äinfach kien sitten Eers. Ick bün äin werigen Jungen, ick mott mi allman bewägen. Mi staiht de Sinn egaolweg nur nao raisen un wegföhren. Ick känn än nicks änneres mehr denken, un ick will äis partuu rutfinnen, wor de Welt ännerweggens utsütt. Ick will rut, ick will weg! Döikerdi – ick will van'n Hoff! Pass up, lüttke Gerrit, Fernweh dait seer, bannig seer!

Dät wäit ick doch. Man Schuld dorän bünt äntlesste de välen Museumsgäste, de den häilen Dag von s'morgens bis s'naomiddages miene Familge un mi besöiket. Wor düsse Lühe äöwerall herkaomt, nich tau glöwen. Kerls un Fraulühe ut Möppen un Ossenbrügge, Vereine ut Emden un Schwerin, Jungvolk ut Brämen un Mainz un väle Schaulklassen ut 'n Landkreis Ämsland un ut Drenthe in Holland.

Herrjeminee, wat is de Welt doch bannig grot. Un wat de Mensken sück allens tau vertellen häbbt, dor gaoht mi glätt de

Slappöhrkes äöwer. Ick känn äinfach nich genaug hen hören un mott allens mitkriegen van de frömde Welt, de för mi doch so wiet weg is. Wat 'n snatern un babbeln, kakeln un quasseln, snäbbeln un praohlen, dät is 'n Bieslägg. In mienen lüttken Kopp summt dät äs in 'nen Immenschur. Ick bün reinweg bestott, dät is allens nich mehr tau begriepen för mi.

„Gerrit, wat sittst du dor tau drömen?" Dät is Mama, säi schüddekopped. Mitunner werd miene Mauder nich klauk ut mi, wenn ick so bedröiwet vör mi hen stiere. „De Släif häff doch manges nur Tüddelkraom in 'n Kopp", nusselt säi möije, hojaohnt un legg sück tau 'n Middägssläöpken up de Siete. Ick segg läiwer nicks dortau un kuschel mi 'n bittken än miene läiwste Süster Gerlinde. Gerlinde is 'n krägel Sisseken, wi baide verstaoht uss blind. Man nu erstmaol äin Settken utrössen, dät dait gaud. Un et güff uk noch Stöhn in't Liev!

Aaa ... hhhh! Dät warme Wedder makt äinen so richtig sluff, un ick mott allman weer än den lessten Sönndäg in Juli denken. Jungedi, dor wör hier vlichte wat loss. Baukwäiten-Blütenfest wör änseggt. Dor häbb ick den häilen Däg piel ächtern Tuun staohn un kien Oge affslaon van dät bunte Gedaue ümmetau. Wat göv et dor nich allens tau säihn un tau hören, de Mensken wörn gänz ut 'n Tüt. Hunnerte van Lühe löpen krüßelk un dwäss van de Siedlerstäe nao 'n Moorbahnhoff, van den Holskenmaker nao 'n Mammut-Plaug un van den Baukwäiten-Janhinnerk-Stand nao de baiden Ottomeyer-Lokomobile. Jäger blossden mit eere Hörns wiet äöwer 't Hochmoor, un Danzgruppen draihden sück nao 'n Takt van de Musik. Nur de Kinner hüppkeden egaol weg up de kläine Mallmäöhle tau. Bliede nöhmen säi de Holtperdkes in Beslägg un straohlden mit eere Öllern üm de Wedde. Achjao, ick häbb vandage noch den Snack van usen Museums-Scheff inne Ohren:

„Well Dag för Dag sien Arbait dait,
un alltied up 'n Posten staiht,
un dait dät gaud un dait dät gern,
de schöll sück uk maol ameseern!"

Jao, jao, et wör äin wunnerboret Fest, dät göng di mit 'n Juchje! Man vörbie is vörbie, un nu duert et weer bis tauken Johr, bis et hier weer rümmgaiht. Väl tau lange för mi. Na, maol kieken, wo et buten utsütt. Vlichte helpet jao so 'n bittken öihlen in de köihlige Mudder, üm up ännere Gedanken tau kaomen. De Sache mit dät Raisen in de wiete Welt lätt mi kiene Ruhe nich mehr. Dät bullert un ballert dull in mi!

Fluchtpläöne

Hoppla! Wecker kummp dor änhüppen? Dät is doch Heiko, de gressgröine Pogge ut 'n Graoben bie 'n Kabelkran. Heiko is mien besten Frönd, mit üm känn ick äöwer allens proten. Na, dänn will ick üm maol verklaukfideln, wat mi so bedrücket. Vlichte häff häi jao 'ne gaude Idee. „Wodänn?" kwaket mien Moorpoggen-Kumpel un haut sück noch flink 'nen dicken Fläigenbrummer dorächter. „Un wor is dor nu dät Problem? Dät is jao 'n Klacks! Du häst doch väier Bäine un känns drock lopen. Also – aff dör de Midde, allens ännere kummp van sümmes!"
„Büst du mall, Heiko? Miene Bäine bünt doch väl tau kott, un taufaute kaom ick uk nich wiet. Dänn häbbt säi mi weer bie 'n Wickel, un et güff wecke änne Horchläpels. Nee danke! Wäis du, ick mott änners up 'n Patt, stillken un sünner väl Gedöns. Dät dröff kienäine mitkriegen. Un dor dröff nicks, aber uk nicks schäif gaohn!"

Heiko äöwerleggt kott un häff uk bamms 'ne passende Lösung praot. Häi is nu maol 'n gänz Wisen. „Hör tau, Gerrit. Ick glöv, ick häbb et. Dor ächten up den groten Parkplatz staoht doch elke Däg äin poor van de langen Blickdöisen, de de välen Twäibäiner hierhen brenget." Heiko mennt natürlick de Omnibusse mit de Touristen un Urlauber.

„Mäisttied s'naomiddages dampet de stinkenden Dinger weer aff. Man vörher mosst du in äine dorvan verswunnen wään. Nu in Sommer staoht de Dören alltied loss, un de Schafförs smöket buten eere Szigretten un hollt 'n Prötken mitnänner. Dor luer up, dät is diene Chance. Diene äinzige. Ick segge nur – rin in de Kiste, äin gaudet Versteck söiken un affwochten. Un dänn gaiht et all bolde loss mit dienen Utflug in de wiete Welt. Vlichte kumms du jao in Sleswig-Holstäin off in Westfaolen än, vlichte uk in

Sienen Raot häbb ick natürlick bats ümmesett un bün kott vör fieve duknäcket dör Bentgress un Strüker Richtung Busparkplatz peeßt. Nur Gerlinde is in miene Pläne inwäiht. Säi mossde mi aber in de Pote verspräken, nicks tau verraoen. Dät häff säi uk daon, man de Traonen stönden eer dorbie in de runden Kullerogen. Säi wör in äine Tuur än snucken än: „Dröff ick mit, dröff ick mit?“ Man uphollen laot ick mi nu nich mehr, un wenn ick mit ‘n Kopp dör de Wand mott. Wachte man! Jau weer ick wall wiesen, wor et langes gaiht!

Schweinfurt, wat wäit ick. För mi wör dät jao nicks. Ick bliev läiwer hier in use Moor un jage Müggen. Man äines mosst du mi tauseggen. Wenn du änkaomen büss, schriew mi ‘ne Korte. Un nu mak, dät du weg kummst, Gerrit. Ick wünske di äinen gauden Weg un kaom äis gesund weer trügge. Munter bliewen, du Strömmel!“

Nu bün ick aber plätt. Ick känn Heiko nur noch verwunnert ächterän kieken. Häi is all weer mit ‘n Wuppdi up ‘n Sprung. Mannomann, de häff jao ‘ne Drockte. Man häi häff rächt, nur so känn et klappen. Ick häbb et jao all immer wüsst, Heiko häff schwor wat up ‘n Kassen. De häff de Ohren dichte än‘n Kopp, äs man wall so seggen dait.

Kiek maol kiek, dor staoht doch wohrhaftig noch twäi Omnibusse, de up eere Lühe wochtet. Un baide mit losse Dören. Van de Schafförs is wiet un bräit nicks tau säihn. Man weckern Bus nähm ick nu? Den schicken blauen mit de upmaolten witten Väögel off den lüttken, gälen mit dät swatte Perd dorup? Pass up, Gerrit, nich lang fackeln. Dörstarten, rin in de blaue, grote Blickdöise un ruckzuck ünner de lesste Sittbank verswinnen. – Iggidegitt, ick bün jao kladdernatt van Swäit, un trillen dau ick äs Espenloov. Man dät Schworste häbb ick ächter mi, nu känn et nur noch vörut gaohn. Häbb ick‘t di nich seggt? Dät lätt gaud!

Unnerweggens

Kiene halwe Stunde later is et mit de Ruhe vörbie. Än de veertig Dagesurlauber kläddert äöwer dät smale Treppken in den Bus un laotet sück laih in de bunten Sittpolster fallen. Dorbie kummp dät Klönen un Räödeln äöwer dät, wat säi beläwet häbbt, nich tau kott. „Et is wisse heller mooi hier in't Ämsland", röp äine van de ölleren Kerls, „aber nu laot uss nao Hus hen föhren. Dor ächten treckt äin Aoneweer up!"

„Jüst so is dät", nickkopped sien Sittnoaber un kraomt 'ne Buddel Brause ut siene Täske. Häi häff wall bannig Döst bie de schwüle Wärmte. So äin Schiet, ick känn spitohrn un lustern, verstaoh aber nich äis moal de Hälwte van de Proteräi. Nur de Wörder Autobahn, Ämstunnel un Nordsäi bünt hangen bläwen bie mi. Man dormit känn ick nich väl änfangen. Dät segg mi nicks. Äöwerhaupt nicks. Noch nich!

Dammi noch mal, wat is dät? Wat häbb ick mi verfeert, mien Hätte äöwerslait sück bolde. Nu is et sowiet, de Schafför häff den Motor änsmäten. Dät Brummen werd immer luter. Nu noch äinmaol kräftig up de Hupe drücket, un mien ersten Utflug in de Frömde is nich mehr tau stoppen. „Adjüs, mien Moormuseum", känn ick dor nur noch söchten un haopen, dät mi hier ächten kienäine tau säihn krigg. Nur wor et nu längs gaiht, känn ick van miene Stääe ut nich mitkriegen. Känns nicks maken, dät is nu maol dät schwore Los van uss Swattfohrer. Äin Settken later bün ick dänn van dät Bus-Schürren induselt un häbb mi dorbie so 'n bittken van binnen bekäken. Wilde Dröme bünt dör mienen Kopp klabastert; mien Pap'n stönd vör mi un wahrschaude mi gnäisig: „Gerrit, mak kiene Fisematenten. Junge, mak kien dumm Tüüg." Wolange ick slaopen häbb, känn ick nich seggen. Mitäins stött mi äin Männerfaut groff inne Ribben un äin Kerl bölket luthals: „Utstiegen, aale utstiegen. Wi bünt weer in Huse!"

In Huse? Dät schöll mi wunnern, wor ick nu änkaomen bün. Man erstmaol affwochten, bis de lessten Büxenpiepen un Frauenschauhe den Bus verlaoten häbbt. So, nu känn ick et wagen. Äinmaol links käken, äinmaol nao rächts luert un schwuppdiwupp nao buten schüngelt. „Ffff…t", ächter mi trecket sück de Automatikdöre sachte tau. Puuh, dät wör knapp. Na sowat, buten is et jao all heller schummrig.

Näie Frönde

Aha, mien Transportmiddel, de lange Blickdöise, staiht än äine Bushaltestääe. Un wat is ächter mi? Twäi Hüser, äin Schauhgeschäft un äin Laden wor „Watt'n Schapp" dräöwerstaiht. Dät segg nu gornicks äöwer mienen näien Upenthaltsort ut. Van de fidele Raisetruppe is nicks mehr tau hören. De Busfohrer häff uk all weer den Motor änstellt, üm so bie lütten sienen Fieraobend äntaustüern. Nu aber loss, Gerrit, dwäss äöwer de Straote, änners kummst du noch unner de Röere. Wat is dät? Dät dor näben de dicken Kieselstäine? Sütt mäist ut äs 'n hogen Disk up 'ne saftiggröine Rasenplaatze. Jau – dor will ick mi maol unnerstellen un versöiken, mi tauröchte tau finnen. Rundümmetau bünt smucke Backstäinhüser tau säihn, un hier staiht sogor 'ne Pütte mit frisk Water, üm mienen Döst tau lössken. Off dät hier wall de Ortsmidde is? Man düssen Disk, de kummp mi doch wat oorig vör. Mächtig oorig.

Oguddegutt nee! Dät is jao gor kien Disk; mien Ünnerdack is 'ne Kauh. Äine swat-witt-blaue Kauh, un akraot äöwer mienen Kopp bummelt dät pralle Jidder. Man dät Mälkväih röget sück nich, un seggen dait et uk nicks.

Dänn will ick mi maol vörsichtig räntasten: „Mm…oin, moin Kauh. Büst du uk utbüxt?“ Kiene Antwort. Also naohaken: „Wor kumms du her? Uk ut use Bourtanger Moor?“ Weer kiene Antwort. Nu bün ick aber spinnegrell, sowat känn ick äinfach nich verknusen. „Worümme protes du nich mit mi, du olde Sziepeltrine? Ick häbb di doch nicks daon, häbb mi nur äin bittken unnerstellt bie di!“

Äin höisterig Kriesken lätt mi tauhopeschrecken. „Laot de Kauh geweern, du Bangebüx. De känn doch nich proten“, wiest mi dor äine groff tauSrächte. „De is ut Kunststoff un staiht hier vör de välen Urlaubsgäste. Un wecker büss DU äöwerhaupt? Wi häbbt di hier meläwe nich säihn!“ Wor kummp de gristige Stömme nur her? Dor, unner de Standlöchte vör ‘ne Bäckeräi staoht twäi middelgrote Väögel. De baiden kaomt mi frömd vör. De äine is witt-gries mit ‘nen kräftigen, gälen Snabel. De ännere häff rote, slanke Bäine, ‘nen langen, roten Snabel un äin swatt-wittet Feerekläid.

„Ick? Dät känn ick di genau seggen, ick häit van Gerrit un kaom ut Grot Häspe. Dät ligg in ‘t Ämsländ. Ick bün nett mit ‘n Bus änkaomen un will mi äin bittken inne Welt ümkieken. Man wor bün ick hier? Un well bün ih baiden? Bün ih vlichte Fasaone, Duwen oder Trieshöihner?“

„De Riege nao, Gerrit“, wäit de mit den gälen Snabel Beschäid. „Du büss hier in Horumersiel än de Nordsäiküste, nich wiet weg van Wilhelmshaven.

Dröff ick kott vörstellen? Dät hier is mien Macker Tammo, 'nen reddigen fräisken Austernfisker. Häi is 'n besten Kerl. Un ick bün Theda, de Sülwermöwe. Wi baide bünt hier in Wangerland tauhus un kennet hier rundümmetau allens un jederunäine."

Noa düsse Klöhnrunde mott ick erstmaol hoorkläin miene Geschichte vertellen, so äs säi bis hierhen upschräwen is. Miene baiden näien Frönde hört upmerksam tau. Äs ick ferrig bün, plaont Theda all den wiederen Verlop van miene Ferien in Horumersiel: „Nu gaiht et dorbie. Man äines staiht faste, allennig kumms du hier nich klor. Laot uss dät tausamen änpacken, dormit du äin poor pläseerlicke Dage bie uss verläwen daist. Wat ligg tauerst än, Gerrit?" „Smacht", känn ick nur gnadderig janken, „ick häbb siet van morgen nicks mehr tüsken de Kusen krägen. Mien Magen hangt all up Halfmast." „Dät häbbt wi glieks", meldet sück nu Tammo tau Wort, „vandage is Fräidag, un hier kägenän vör de Fischkiste wör Wochenmärket. Dor bünt wisse noch äin poor Tüffelkes un Slaotbläre liggen bläwen. Kumm äis mit, ick wies di de Stääe. Bünt man bloot äin poor Meter bis dorhen."

Hmmh! Dät wör läcker, den gröttsten Kohldampf is nu daone. Sogor äin Mohnbrötken häbbt wi noch vör dät Cafe Hörnchen funnen. Nu gripp Theda weer in 't Geschehen in. „Töw man, mien Jung, wi helpet di. Tauerst söiket wi äin passendet Versteck för di, hier känns du nich bliewen," kumdeert säi forsch. „Ick wäit uk all, wor wi di unnerbrengen käönt. Kumm, Tammo un ick fläiget vörut, lop du ächter uss her."

Un so swittket wi dräi standepee loss. Et gaiht 'ne kurvige Straote änlanges, vörbie än äinen lüttken rot-witten Löchttorn, äöwer 'ne Brügge un dwäss äöwer 'ne Krüßung mit griese Plasterstäine. In de Dieckstraote passeert wi äin Iescafe, etlicke Ferienpensionen, moderne Hotels un äin Sanatorium. Man dänn känn ick nich mehr un brämse knapphändig vör 'nen gröinen Hümpel. Ick mott erst maol düftig dörpußen un nao Lucht jappen. De baiden Väögel kreiset äöwer mi un wochtet dorup, dät et wiedergaiht. Man ick sitt düchtig in de Kniepe.

„Is et noch wiet, Theda? Mott ick düssen Berg uk noch hoch?" „Kliiep, kliiep, kliiep", gniddert Tammo schrill un draiht noch 'ne Extrarunde üm 'nen parkenden VW Touran. „Häst du dät hört, Theda? Häi häff Berg tau usen Dieck seggt. Dät mott ick ampat Trientje, Hein un de änneren vertellen. Nienich glöwet de mi dät!" Un dänn folgt Gerrits erste Lektion in Nordsäikunde: „Dät hier is kien Berg, Gerrit, sünnern äin Dieck. De Diecke häbbt de Mensken baut, üm eer Ächterland vör de Nordsäi tau

schützen. De känn nämlich manges unwies mall wään. Aber nu kaom äis gau, et is nich mehr wiet. Baowen up 'n Dieck känns du de Säi all ruken, morgen kriggs säi dänn tau säihen. Glöv mi, use MEER is doch 'n bittken grötter äs dien MOOR."

Na, wenn häi dät mennt. Ick laot mi up jeden Fall nich verdummdüweln un legge 'nen rasanten Endspurt hen. Den Dieck rupp, äöwer äin Fautpättken bis nao äin Kassenhüsken un dor den Dieck weer runner. Änkaomen dauet wi up 'ne bannig grote Strandwiske mit väle, kläine bunte Hütten mit grote Taohlen up de Ächtersiete un mit lüttke Pörtkes vörne. Sütt mäist ut äs so 'n Back för Katten un Hunde.

Mi werd et gänz benaut. „Wat häbbt ih bäiden vör? Will ih mi vlichte in so äin enget Kabüffken inspeern? Ächter Gitter?" „Kwatsch, du Törfkopp," smustergrient Theda. „Dät hier bünt Strandkörwe för de

Baoegäste. Schöss maol säihn, wenn de Sünne äöwer Däg hoch stigg. Dänn is hier Hochbetrieb än usen Strand. De Groten ligget den häilen Däg in de Körwe un bünt än läsen, äten un drinken, off säi luert stundenlang up 't Water – wenn et denn dor is. Un aale bünt säi bliede, dät säi eere Kinner van de Häcken häbbt. De palsket egaolweg in de Säi, buddelt Dwarslöper ut 't Watt un piesacket uss Möwen."

Man wat is dät? Theda häff wat hört. „Aau, aau, kjau", käkelt säi hail upgeregt, „kiek äis, Tammo, dor kummp Trientje änlopen. De känn wall gau de änneren ut use Klicke tauhopetrummeln. Trientje, hier bün wi, hiii…er, ächter den gälen Strandkorw!" Aber Trientje, äin fröndliken Rotschenkel mit äöwerlange rote Bäine, häff uss dräi Vedders all lange spitz krägen. Un de lesten väier van Thedas Strandklicke steertket snätternd ächterän; de Lachmöwentwillinge Maart un Marten, de Brandgoos Zwantje un uk Hein, de swatte Kormoran.

Tammo äöwernümmp et, uss aale mitnänner bekannt tau maken. Näischierig bünt säi natürlick uk, un so mott ick armen Blaut miene Geschichte äin twäidet Maol taun Besten gäwen. Up'n lessten End funkt Theda driester dertüsken: „Nu is aber Schluss. Use Gast häff 'ne lange Fohrt ächter sück, un nu is Beddegaohnstied. Wi gaot aale tau Koje. Gerrit, dät dor is diene Slaopkamer. Ick haope, du kumms dormit tauráchte."

Dorbie wiest de Sülwermöwe up äin rundet Reitgressfeld ächten ächter den Bolzplatz. „Hier binnen büss du sicher un et stört di wisse kienäine. Morgen fröih bünt wi weer dor un brengt di dien Fröihstück. Gaude Nächt, Gerrit! Wi aale wünsket di mooie un pläseerlicke Dröme."

Schaulunnericht

Wat? Wo ick de erste Nächt in Horumersiel slaopen häbb? Äinfach wunnerbor un geheimnisvull. Allennig unner 't Himmelstelt, dät Rusken van Nordsäiwellen un Gressspiers inne Ohren, de friske sollt Säiluft inne Näse un de grote Fräiheit vör de Ogen. Wat will so 'n Bigge äs ick noch mehr? So känn mien Urlaub wiedergaohn. Üm Klock sesse bünt säi dänn uk aale weer dor un staoht wäcker un utslaopen vör mien ‚Bedde', Theda, Tammo un de änneren. Mit Fröihstück, verstaiht sück! „Wat güff et denn för Futterraasch?" Ick bün aal heller jieperig un fraoge mi bloot, worümme miene näien Kumpels so vergnöigt för sück hen kakelt. „Wangerländ'ske Spezialitäten", knippoogt Tammo un disket mi stolt Wattwörmer, Säipocken, Muscheln un äinige kläine Fiske up. „Harrijarjes, ick will jau wat haußen, dät is doch nicks för mi. Dät frät ick nich – nienich! Ick bün äin Swienken un kien Säihündken."

De Rasselbande prusset et lut loss vör Lachen, ick mott wall heller bedebbert utkäken häbben. „Nu hör äis, wat usen lüttken Pottkieker flott werd", tärget Trientje mi un beruhigt mi uk fort: „Moss uss dät nich vör äöwel nähmen, Gerrit, man dät is use Fröihstück. För di häbbt wi Woddeln, Äppel un Maiskolben mitbrocht, häbbt allens de Buern ächtern Dieck spendeert. Laot et di smecken, gaudn Appetit!" Un et häff smecket. Nordsäiluft makt hungrig, dät staiht jedenfalls faste. Klor, dät wi allens ratzeputz wegnaiht häbbt, sogor de kläinen Wörmken.

„So will ick 't häbben", fraiht sück Theda, „mit 'nen lossen Pansen is schlecht danzen. Un nu kien lang Snicksnack! Gerrit, mit dienen Urlaub häbb ick mi dät so dächt: äöwer Däg bliffs du hier un röges di nich van Fleck. Van hier ut häss du Strand, Wattenmeer un dät häile Ferienspektaokel vör di, känns di allens bestens bekieken. Aber säih di vör un haol di nur kienen Sünnenbrand. Dät gaiht nämlick flink bie uss än de Küste. Un jüchter nich alläin hier wat rümme. Änners gaiht dät nu maol nich. Man aobends, wenn de Mensken inne Weertshüse un in eere Staowen sittet, kummp use Tied.

Dänn hört de Strand van Horumersiel bis Schillig uss, dänn laot wi de Sau rut, nich wohr Zwantje?“ „Jau, ick bün dorbie“, grient Brandgoos Zwantje vergnöigt, „uk wenn use Sau nur äin lüttket Bigge ut ‘t Bourtanger Moor is!“

Dät häff mi nu bannig änsmeert, dät här ick mi änners vörstellt. Man et häff uk all sien Schick. Miene norddütsken Vaogelfrönde kennt sück hier bäter ut äs ick, un säi mennt et nur gaud mit mi. Wi häbbt dät dänn so makt, äs Theda dät vörslaon här. Un ick will di man seggen, de nächsten twäi Wäken wörn up ‘t Mooiste. Et wör ‘ne herrlicke Tied mit Sünnenschien un mäckelke Temperaturen, mit frisken Wind un hättelke, fräiske Gastfröndskup. Äine Tied, de väl tau gau vörbie göng. Wat ick allens beläwt un leert häbbe – Kinners, swieget mi bloot stille!

Elke Däg häbbt säi mi äin üm ännern in mien Reitgressversteck besocht; moal Hein Kormoran, maol Maart un Marten tausamen, dages drupp Trientje mit ‘ne Fröndin un natürlick de baiden Wangerland-Experten Tammo un Theda. Vörmiddages un s’naomiddages wör sotauseggen Schaulunnericht för mi. Un miene Schaulmesters häbbt eer Wäten nur so ut de Maue schürret. De äine häff mi väl biebrocht van Ebbe un Flaut, van Hoch- un Niedrigwater, van Tiedenhub un van Siele un Groden. De ännere häff mi den Nationalpark Wattenmeer vörstellt, et güff üm all johrelang. „Wat is Watt?“ häbb‘ ick Tammo froggt. Siene kotte un dröge Antwort: „Maol Land, moal Water – in Wessel von knapp sess Stunden!“ Ick glöwe bolde, de Nationalpark Wattenmeer is äin Naturschutzgebiet jüst so äs usen Internationalen Naturpark Moor än baide Sieten van de dütsk-hollandske Grense.

Trientje dorkägen häff häil spannend van Priele un Pricken, van de Vaogelinsel Mellum un Wangerooge, van Säihundbänke un van den beröihmten Löchttorn Roter Sand vertellt. De gaude Theda wull mi partuu Nordsäigarnelen, Schollen, Wattschnecken un Granat smackhaft maken. Un wat Heuler, Knutts, Kluntjes un Täibüüls bünt, häbb ick uk tau wäten krägen. Man än besten häff mi de Sage van dät Säiwiefken gefallen, de ick mi van

de flinksnutige Zwantje wall dräimaol änhören mosste. Un Zwantje känn vlichte rappeln, aohne Punkt un aohne Komma. Eer gaiht noit de Puste ut.

Äin nüper Wichtken, dät Säiwiefken! Man de Lühe van Minsen häbbt üm domaols äöwel mitspält un dät wunnersmooie Wesen inbuchtet. Et is aber flüchtet un häff sück bitter än de Mensken rächt. Äine grote Stormflaut häff Dieck un Dörp häil vernäilt. Aale hier än de Küste kennt de trurige Geschichte mit dät gaude Ende för de Meerjungfrau, de nu up dät blaue Wangerlandwappen affbeldet is. In Minsen ächtern Dieck staiht säi sogor ut Bronze, wüsste Babbelsnute Zwantje taulesste noch tau berichten. Nich tau glöwen, dät fixe Säiwiefken – äin Utnaiher nettso äs ick. Dät fraiht mi bannig. Trientjes Fröndin, Leefke Kiebitz, wollde mi sogor wiesmaken, ick här mi vlichte äin bittken verläiwt. Papperlapapp, so 'n Kwatsch, ick häbb mi doch erst kottens in use Meike in Häspe verkäken. Man dät wäit nichäine, un du dröffs dät uk kienäine vertellen. Verspraoken? Änners tärget säi mi allman dormit.

Najao, bi uss änne Äms güff et nich so söite Wiefkes, half Mensk, half Fisk. Dorför härn wi fröiher de Aulken, kläine slaue Gesellen mit swatte Kledaasch un rote Tippelmüssen. De Aulken bünt mit de Mensken mäisttied gaud taurächte koamen un häbbt in Nottieden väl holpen. Man sai wörden uk gau fuchtig, wenn de

Lühe säi bedräigen wollden. Äs eer Käönig, Ike Aok, dot göng, häbbt säi sück mit de Fähre äöwer den Fluss setten loaten un bünt för aale Tieden ut 't Ämsland verswunnen. Worher ick dät wäit? Dät häff Gottfried ännerlessten de Lehrinnen van de Bonifatiusschaule Dalum vertellt. Gottfried is äine van de Gästebegleiter in use Moormuseum un känn de Lühe so richtig fain wat vertellen. Mit den Roten Franz, de bekannte ämsländ'ske Moorlieke, häff häi de Fraulühe uk schreckhäftig makt. De häbbt sück aale heller gruselt. Ick sümmes wör den Däg uk maol weer up Tuur, här mi ächter 'nen Witttörfbült verstoppt un häbb allens mit änhört. Mi lopet nu noch de kolden Schuurs äöwer, wenn ick dor nur än denke.

Man nu staodig än! Ick bün doch wohrhaftig ut de Spör kaomen, ick wör noch gor nich ferrig mit miene Urlaubs-Reportasche. Ick mott doch noch van use upregenden Aobend-Utflüge berichten, de ‚Sau rutloaten' un so. Hä, so läip häbbt wi dät jüst nich dräwen. Man wi bünt doch so etlicke Kilometer rund üm de bunten Strandkörwe trocken un häbbt so 'n bittken up 'n Putz haut. Un dät manges bis s'nächens. „In Düstern is gaud smüstern", häff Maart düsse Tied immer nöimt. De lange, herrlicke Strandpromenaode bünt wi änlanges jachtert bis noa den Campingplatz Schillig, vörbie änt Kinnerspälhus Seesternchen un änt Luchtfüer, alltied in Sichtwiede van den olden Löchttorn ächtern Dieck. Dät erste Maol in mien Läwen häbb ick in Watt un Schlick wöihlt un bün in Swiensgalopp dör grieset Nordsäisolltwater scheeßt. Un dät koppunner, koppäöwer. Dät wör di 'n Gejuch un 'ne Kwiekeräi, man miene Vaogelfrönde häbbt sück heller mitfraiht un uk mitmakt. Aff un än kömen uss uk maol enkelde Lühe off 'n Fietzenfohrer taumöite. Dänn häbb ick mi stikum verkrömmelt un bün erst up Trientjes „Tjü-dü-dü" weer tau'n Vörschien kaomen. Wi wörn äin inspält Team, allens wat rächt is. Un ick mott seggen, miene näien Kumpels härn eere helle Gaudi mit mi unwiese Landrotte ut dät ferne Ämsland.

Änsichtskorte

Baowen in Schillig güff et ‘nen äöwergroten Campingplatz, et is de gröttste in gänz Dütskland. Sowat här ick bis dorhen noch nich tau säihn krägen. Hunnerte van äöwergrote, witte Kartons mit lüttke Fensterkes staoht dor dichte än dichte, inraohmt van Tünkes, Blaumen un Gröintüg. Marten häff mi vertellt, dät de Mensken dor den Sommer äöwer drin waohnt, slaopt un Urlaub makt. Urlaub in so ‘ne enge Schachtel? De Mensken bünt jao wall nich rächt bie Groschens. Man wat segg mien Kumpel Heiko in Häspe immer: „Jedem Tierchen sein Pläsierchen!“ Heiko? Den här ick bolde vergäten, välmehr siene Korte, de ick üm tauseggt häbb. Dät spietet mi, man wor kaom ick dor nu bie? Mitäins fallt mi Theda in, up de is immer Verlaot.

„Theda, ick sitt bannig inne Bredullje. Känns du mi ‘ne Änsichtskorte un ‘ne Bräifmarke besorgen? För Heiko! Un äine van jau mott de schriewen för mi, ick känn nich schriewen. Ick wäit kienen Raot, Theda.“ „Nu mak man nich so äin Gedrüß, du Klabautermann, dät kriege wi allens vörnänner“, lätt sück de Möwe nich van miene Hektik änsticken. „Ick fläige kott in ‘n Ort. Dor güff et äinige Häökerhauks mit Kortenstänner buten vör de Döre.

Dor haol ick mi stump äine weg, dät vernümp nich äine. Un ‘ne Bräifmarke brukst du nich, de Korte kummp uk so än, glöv mi dät!“ Un schwupps, weg is use verwägene Strandklicken-Scheffin; üm nao knapp taihn Minuten all weer mit Swunk un väl Rüggenwind änsägeln tau kaomen.

Un wat för ‘ne schicke Korte van Horumersiel-Schillig säi mitbrocht häff. Mit alles drupp, Strand mit Restaurant Strandpromenade, Swömmhalle Frieslandtherme, Mauder-Kind-Kurheim un ‘nen heller mooien Fiskkutter. Echt ‘ne faine Änsichtskorte. Maart un Marten äöwernähmt de Schriewerai, dät insticken in ‘n Bräifkassen bie‘ n Dörpmärket is dänn weer Thedas Ängaohn. Sowat lätt säi sück äöwerhaupt nich nähmen. – Wo, wat de baiden Lachmöwen upschräwen häbbt? Du büss jao äöwerhaupt nich näischierig. Na, den will ick di dät uk noch äben wiesen:

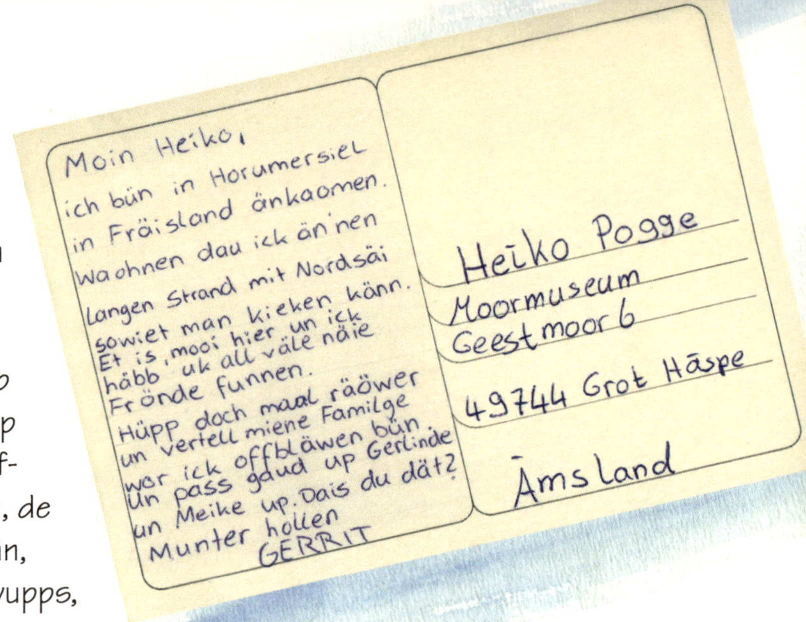

Up Entdeckungstuur

Off Heiko sück wall äöwer siene Korte fraiht häff? Klor doch! Man äine Korte mott uk genaug wään. „Alltauväl is ungesund“, häff all mien Opa seggt, bevör häi mit Oma in den Dierpark Nordhorn ümmetrocken is. Kenns du doch, den Dierpark mit den Vechtebuernhoff un de olden Husdierrassen. Man dät is weer ‘ne ännere Geschichte. He, wat is dät? Mien Magen gnurret aal weer äs so ‘ne olde quesige Thöle.

Junge, Junge! Wat de Futterraasch ängäiht, häbbt mi de Afffallömmers rund üm de Strandpromenade gänz gaud äöwer Water hollen. Wat de Mensken alles so wegsmietet, nee nee nee. Brotreste, Kaukenstücke, Plätzkes un sogor Pommes Frites wörn dor manges tau finnen. Hm…mh, Pommes, de häbbt mi immer besünners gaud smocken. Ick häbb tauerst gornich wüsst, wat dät is. Man Trientje häff mi upklärt: „Pommes Frites bünt Tüffelkes in Striepen, dät ätet de Mensken tau jede Dagestied, mit Majoneese un mit Ketschup!“ Gaoh mi aff, so säiht äinige van de Kerls un Fraulühe uk ut. Väle sittet doch heller beknäpen in eere Baoeplünnen un eere superengen Bikinis. Äöwrigens, ick häbb de veertaihn Dage än de Nordsäi nich nur ‘ne häile Masse Strand- un Küstenväögel kennen leert. Uk väierbäinige Inwaohner bünt mi äöwer ‘n Wegg loppt. Wecke?

Genau, de bekannten Rasenmaiher mit de dichte Wulle up eer Liev. Äine gänze Häskup wörn miene Naobers up 'n Dieck. Kiene Benthemer Landschaope äs miene Kumpels in'n Moore, dorför echte Ostfräiske Mälkschaope. Härtfuchtige un krosse Diere, un dorbie elke Däg gaud taufräe. Ick häbb mi faoken mit de Wichter tau 'n Aobendprötken troffen. Wiebke, de Üppste van de Koppel, häff mi eeren Auftrag liekut verklort: „Wi Schaope grubbelt un grabbelt dät Gress kott un trappelt mit use Höiwe den Grund faste. Sodäönig sorget wi för de Sicherheit van use Diecke." Un stolt köm dänn noch ächterän: „Kaihje dröfft hier nich drupp, de bünt tau schwor." Tjä, un so näbenbie häff Wiebke mi uk noch so 'n bittken de Grötte van de Diecke verklort: „De Wangerlanddiecke bünt so bräit äs twäi Fautballfelder un so hoch äs äin Waohnhus. Jao, de Mensken häbbt all immer wüsst ‚De nich will diecken, de mott wieken'. Un de Löcker in de Diecke makt man mit Sielporten dichte." – Döiker, bie soväl Bildung kläötert un knickert dät aber reddig in mienen Brägenkassen. Wo hett noch miene Oma eer Läwensspräöke? „Dor weers nich dümmer van." – Jüstement, so is et!

Uk wenn Theda mi raoen häff, nich allennig losstautrecken, bün ick doch äinmaol utbüxt. Dät ligg mi nu maol in'n Blaut. Dät wör sönndaoges, so üm de Middägstied rümme. Dor hörde ick mitäins van wiether Musik, de köm van Schillig räöwer. Blaosmusik – richtig herrlicke Blaosmusik mit Posaunen un Trumpeten. Mi wörde et häil änners taumaue. Ick konn un konn nich uphören tau lustern, dor mosste ick äinfach hen. Man wo schöllde dät wall ängoahn? Än'n lechten Däg! Man wor 'n Wille is, dor is uk 'n Wegg. Un düsse Wegg göng liekut än'n Diecktuun änlanges, inkielt tüsken miene Schaopfröndinnen. Dor häff mi nichäine tau Gesicht krägen. Frieda, äin nüper Jungschaop, wiesede in Schillig up 'ne grote Menskenänsammlung un up bolde füfftig Lühe mit blitzblanke Blaosinstrumente.

De watten van dät Volk seeten up Klappstöihle in'n Sand, un de watten stönden barwet in't Watt. Ick häbb mi vlichte wunnert äöwer den Uplop, man Frieda häff mi dät fort utenännerpuhlt: „Dät is de ökumen'ske Blaosergottesdenst Watt'n Blech stump än'n Strand. De lutherske un kathol'ske Kärkengemäinden ut Minsen und Schillig häbbt dät tauhope up de Bäine stellt. Dät is dät erste Maol, dät säi sückes för de Touristen änbäiet. Un dät änschienend mit Erfolg, bünt jao genaug Urlauber kaomen bie dät sünnige Weer. Use Läiwe Heergott schöll sück wall heller äöwer fraien."

Dät dät dät güff, häbb ick nur dacht. Wi häbbt den häilen Gottesdenst mit Musik, Gesang un Prädigt andächtig verfolget, wenn uss uk väl frömd vörköm. Man kott vör Ende bün ick ampat doch äinmaol ut de Huut föhrt un häbb mi heller upräget. Dät wör, äs aale Mensken mitnänner dät ‚Vater unser' bäet häbbt. Bie de Riege ‚Unser tägliches Brot gib uns heute' is mi de Kraogen platzet: „Nu hört jau düsse Wiesköppe än. Dät bäet säi in Häs'pe uk jeden Sönndag in de Kärke. Un wat güff et dänn s'middaoges up 'n Teller? Swienebraoen, elkemaol Swienebraoen! Dät is 'ne Läigeräi is dät, un fieß is dät uk – jawoll!" Ick här jao bolde äinen Koller krägen. Dat dröff jao wall nich wohr wään.

De Wullwichter luerten mi schääl van de Siete än un versöchten mi tau beruhigen: "Nu späl di man nich so up, du Spökenkieker. Hier känn di rainweg nicks passeern. Bie uss än de Küste hollt de Mensken mehr van Fiske, Krabben un Muscheln. De vergriepet sück nich än so 'n lüttket Bigge!" Dät häff mi äntlesste äöwertügt, un dänn häbbt wi aale – Mensk, Schaop un Swienken – tau'n Schluss fierlick dät Shanty „Von Weitem" sungen: äin Läid van Meer, Wind un Gottes Trost in Storm un Not. Un de Posaunen un Trumpeten häbbt noch maol kräftig un lut upspält. Äinfach herrlick un äöwermaoten wunnersmooi!

Törfpünten, Schippe un Jachten

Wor Water is, dor güff et uk Schippe. Un wor väl Water is, dor güff et uk väl Schippe. Vör mienen Urlaub kennde ick nur Schippsmodelle in use Museum, un dät wörn mäisttied Törfkäöhne. So äs ick dät aff un tau mitkrägen häff, häbbt düsse Käöhne up use linksämsischen Knäöle den Törf ut de Moorkolonien afftransporteert. De Pünten up den Süd-Nord-Knaol un de änneren Waterstraoten wörn alltied hoch belaoen mit Törf. Fain akraot un liek häbbt säi de Sohen upstapelt, konns bold drän her schäiten. Wör et maol windstill un man konnde nich sägeln, mossten Perde de groten Törfschippe släpen. Mitunner häbbt uk Fraulühe un Kinner de schwore Last ächter sück her trocken. Swieg mi stille, dät wör wisse 'ne bannig härte Tied för de Moorsiedler domaols. Väle olde Lühe in de Ämslandörper kennt noch de Klaoge ut bedröiwet arme Moortieden: „De erste Generation de Dod, de twäide Generation de Not un de därde Generation dät Brot!"

Man hier än de Nordsäiküste häbb ick gänz ännere Schippe tau Gesicht krägen. Un wat för wecke! Ick will di dät maol äben vertellen. Dagelang häbb ick mi de ballstüerigen Öllgetanker bekäken, de wiet buten up de äöwergroten Lösskebrüggen taustüerden. Un dänn mien Favorit, de Jens Albrecht. Äin straohlend wittet Föhrgastschipp, dät allman mit de välen Urlauber up Säiraisen gaiht. Worhen? Maol nao den Löchttorn Mellum Plate, maol rund üm de Inseln tau un dänn weer rin in den Marine-

stützpunkt Wilhelmshaven. Wo gerne wör ick dor uk maol mitföhrt. Man dät göng natürlick nich.

Äinmaol is sogor maol so ‘n blauen Pott van de Küstenwache vör Horumersiel upkrüßet. Oha, de Jungs passet up, dät uk up Säi alles sienen rächten Gang gaiht. Jüst so äs dät Motorböötken van de DLRG, dät elke Däg Patrullje föhrt un äin Oge up de Baoegäste häff. Dor bünt manges uk wecke bie, de heller lichtsinnig bünt un de Nordsäi nich ernst nähmet. De swömmet väl tau wiet rut un bruket dänn Hölpe.

De Horumersieler Hafen sümmes is ‘n Liggeplatz für mooie un düere Jachten. Dor wimmelt dät in’n Sommer van Jachten, äine schicker äs de ännere un aale pikobello van’n Kiel bis nao ‘n Mast. Up use Aobendutflüge häbbt wi uss de Prachtstücke van ‘n Kai ut bekäken. Wat düsse Boote wall kosset häbbt, dor dröff de Knippe kiene Ebbe häbben. Mit Kläötergeld kummp man dor nich wiet. Un wat för Naomen de Mensken eere Schippe gäwen daut, nich tau begriepen! Dät gaiht von Seeteufel äöwer Pollux, Lilofee un Taline bis nao Banause. Herrjee, dor gefallt mi Gerrit aber väl bäter. Dät is doch ‘n reddigen Vörnaomen.

In den Butenhafen is uk dät Säinotreddungsboot Baltrum van de DGzRS tauhus. Un in de Reddungsschuur ligg dät nao olde Pläne näibaute Ruderboot August Grassow, wüsste Hein tau berichten. Häi kennt sück mit Schippe häil gaud ut. Gänz besünners häff ‘t üm de Fiskkutter Falke ändaon. Immer wenn de weer van’n Fäng trügge kummp, fallt dor för um faoken äin Stück Fisk aff. Dor känn de brave Hein nu äöwerhaupt nich van „Nee“ seggen. Un dorümme häff häi sienen persönlicken Stammplatz uk dagsäöwer in de Nöchte van Sielhafen un Sielporte. Man mott jao allens genau in‘n Blick häbben.

Heimweh

Van Aobend mott ick mi ampat alläin vergnöigen. De Strandklicke is up Geburtsdägsverside in Hooksiel. Tammos Broer Dietje häff aale sääven tau 'ne Middernächtsparty än 'n Strand inlaoet. Säi wörn man knapp weg, dor bün ick uk all losstrocken. Ick weer mi maol Richtung Ortsmidde dörslaon, kieken wat et dor Näies güff. Wat 'n Glücke, väl Lühe bünt üm düsse Dagestied nich mehr unnerweggens.

De mäisten Urlauber häbbt sück bie de Konzertmuschel tüsken Kurhus un Solebad infunnen. Säi lustert vergnöiget den Shanty-Chor Likedeeler tau. Mannomann, käönt de Jungs wunnerbor singen. „Grüße von der Waterkant", „La Paloma" un „Mien Jeverland", dät is äs wenn di 'n Moorpüüßken up 't Hätteken flügg. Man ick häbb sücke Läier all maol ehr hört, dät wäit ick genau. Aber wor? Richtig, de Shanty-Chor Geeste wör lessten Mai up Besöik bie uss in't Moormuseum. Un de Kerls häbbt Gästeführerin Rika äin Privatständken brocht äs Dankeschön för de wunnerbore Führung.

De häff sück vlichte fraiht, dät känns di jao vörstellen. Sowat beläwet man jao uk nich jeden Däg.

In Tüskentied bün ick bie de Bücherinsel änkaomen. De upkaomende Wind spöilt mi jüst noch de lessten Klänge van „Heimweh nach St. Pauli" in de Ohren, dor fallt mien Blick up äin Bauk ächter de Schaufensterschiewe. Nee, kien Bauk, äin Beldband äöwer 't Ämsland. Hier in Horumersiel. Un vörne drupp use Moormuseum mit usen Ottomeyer-Plaug Mammut. Alläin dät lesenrad van üm is grötter äs twäi utwassene Kerls tausamen. Un wäigen dait dät Ungetüm bolde soväl äs dräi Omnibusse. De Museumslühe häbbt extra för üm un siene baiden Damplokomobile 'ne twäide grote Halle bauen laoten. Haa...ch, ick drücke mi dät Snütken plätt, glupe mit bliede Ogen up den bunten Baukümslägg un hör den Shanty up äinmaol mit 'n häil änneren Text: „Heimweh nach Groß Hes'pe, Heimweh nach Zuhaus!"

Nu is et sowiet, dät Lengen nao Familge, Kumpels un mien Bourtanger Moor häff mi nao fast twäi Wäken Urlaub tau packen krägen. Dät will mi nu äöwerhaupt nich in 'n Kopp. Äben noch glückelke Urlaubsgeföihle un up äinen Slägg glaihniget Sehnen noa Mama, Papa, Gerlinde, Meike, Heiko un all de änneren. Dät wunnert mi, dät is unbegrieplik för mi. Ick gaoh hier jao nich gern weg, man wat mott, dät mott. Wenn de Tied vörbie is, mott man handeln. För mi staiht faste, erstmaol 'ne Nächt dräöwer slaopen un morgen mit de Klicke proten. De schöllt wall bedröppelt ut de Wesske kieken, man säi werd mi uk verstaohn. Un helpen werd säi mi uk aale. Wor di up verlaoten känns.

Abschiedsgala

„Gerrit, wat häss du dor weer uthecket? Du wuss uss verlaoten? Nu, wor wi soväl Pläseer mitnänner häbbt? Häss di dät uk gaud äöwerleggt?“ Theda kick mi fraogend än un wäit miene Antwort all in vörut. De änneren sess, noch heller sluff van de Hooksiel-Fete, käönt et uk nich so rächt glöwen.

„Mott dät den up Stäe wään?“ versöcht Tammo mi noch äinmaol ümmtaustömmen. Natürlick aohne Erfolg, verstaiht sück! „Jau, dät mott“, laot ick mi nich uphollen, „ick will man maken, dät ick weer mien Ämsland änstüer. De wochtet aale up mi, dät spör ick bis in de lessten Bösseln. Nur mit de Heimraise is dät nich so licht för mi. Ick wäit doch gornich, wenner dor äin Bus van hier nao Häs’pe föhrt.“ So ‘n bittken laff is mi doch taumaue. „Nu mak man nich glieks ‘n Gesicht äs dräi Dage Rägenweer“, muntert Theda mi sachte up, „noch is de Petersilge nich verhaogelt. Du wäis doch – nich verzaogen, Theda fraogen!“ Use Theda is in eer Element. Plaonen, inwiesen un allens genau organiseeren, dät is eer Ding. Dor häff säi de Büxen än. Jüst dorümme is säi uk Scheffin van eere Klicke worden un häff dät Seggen. Un so kaomt eere Befähle uk klor un düdelk: „Morgen is Beddenwessel för de Touristen, un Jan un aale Mann föhrt weer nao Hus hen. Tammo, Maart, Marten, ih dräi fläiget de Straoten in Horumersiel un Schillig aff un studeert aale Autokenntäiken. Merket jau de, de mit EL för Emsland änfanget. Vlichte föhrt jao äine van däi morgen trügge un känn Gerrit dänn mitnähmen. Trientje, Zwantje un Hein, ih hört jau maol stikum än’n Strand üm, off dor bie äine vlichte de Heimraise änstaiht.

Jede vulle Stunde träfft wi uss hier in use Kummandozentraole bie Gerrit un mi. Un nu gau loss, frisk än't Wärk!“ De van de Klicke stuwet loss, äs wenn säi et betaohlt krieget.

Hui....iiii, häbbt de äin Tempo drupp. Sogor Dietje is mit dorbie un will Hooksiel affklappern, wor häi sück än'n besten utkennt. Man dät EL-Söiken häff gornich so lange duert. Nao 'n lüttke Sett kaomt de Lachmöwentwillige all mit 'ne gaude Naoricht änwaihen: „Theda, wi häbbt 'n Taxi för Gerrit funnen. Nich wiet van hier in de Straote Am Huf is morgen för väier Lühe ut Dalum de Urlaubstied vörbie. Äin Grotöllernpoor häff eere Enkelkinner, twäi Wichter, jüst vertellt, dät et Saoterdäg Klock taihne lossgaiht. Säi packet all de ersten Tutens in un willt morgen äöwer de Autobahn A31 föhren. Dät is doch diene Richtung, nich wohr, Gerrit? Dor gaiht et doch nao dien Ämsland?“

Juhu! Ick häbb et doch wüsst, dät mott geraoen. Mi werd et gänz swimelig, un vör Upprägung krieg ick sogor Bukkniepen. Dät is nu wohrhaftig de vörerst lesste Däg, den miene Vaogelfrönde un ick bienänner bünt. Dät makt mi trurig. De änneren bünt tüskenin uk weer introffen. Trientje bemerkt miene mautlosse Stimmung un nöttket mitföihlend: „Nu kiek nich so verbiestert, du kläine Hüppkert. Wi makt uss noch maol 'nen häil mooien Aobend. Du kriggs van aale diene Mackers äine wunnerbore Abschiedsgala, mit 'n gaud Äten un allens wat dortau hört. Weers di noch wunnern, wat wi so up de Bäine stellen käönt!“

De Rest van de Truppe nickkopped iewerig un bohrt mi 'n Lock in 't Liev, wat ick mi denn wall für äin Festäten wünsken dau. Dorbie is mi dät sowat van egaol. Ick wäit nur, väl kriege ick wisse nich runner. Dortau bün ick väl tau kribbelig un fraih mi äs 'n Stint up morgen Vörmiddäg. Ick haope nur, dät dicke Ende för mi kummp nich noch ächterän.

Nu bün ick aber sowat van aowerrasket! Kott nao säven trudelt säi aale bie mi in, miene lustige, malle, schrullige un äöwerdönig läive Nordsäifamilge: dät T-Trio Theda, Tammo un Trientje, Zwantje, Hein, Maart un Marten, Kiebitzwiefken Leefke, de Hooksieler Dietje un sogor Dieckschaop-Scheffin Wiekbe mit eere Fröndinnen Frauke un Frieda. Nich tau glöwen! Aale häbbt säi riekelk un läcker Äten mitbrocht. Un aale tütket wat rümme mit mi un willt mi egaolweg wiesmaken, wat ick doch för 'n Baas van Kerl bün. Dät makt mi rainweg verlägen un ick knötter allman dorkägen än: „Nu holl

aber dien Beck!“ Man nützen däit et nicks. De schöllt jaonich so väle Facksen maken. Mitäins hör ick ächter mi wecke singen. Well is dät? Staoht dor väier Grote Brachväögel un präsenteert mit glässklore Stömmen heimatlicke un wehmöitige Läier. Läier van Säi, Küste, Dünen un Moore. Äin richtiget Singeräi-Quartett, extra för mi. „Nu büst aber platt, wat?“ pucht Trientje.

„Dät is wietlöfftige Verwandtskup van mi, de beröihmten Jade-Wichter. De häbbt all etlicke Konzerte gäwen anlänges de Küste van Dangast bis Neßmersiel. Un vandage harn däi jüst noch ‘nen Termin fräi un häbbt fort tauseggt. Is dät wat, Gerrit?“ „Ih bünt mi vlichte Mallejans! Dor häbb ick jao nicks van aohnet. Häbb ih dät allens wägen mi up de Bäine stellt? Dät is sowat van …, dät is mit nicks tau verglieken. Välen, välen Dank!" „Och, dor nich vör", käbbelt de swatte Hein, de änners ehr tau de ruhigen Tiedgenossen hört. „Man ick glöwe, Theda will noch wat loss weern, säi häff sück dor wat rutklamüsert. Laot uss dor man äben taulustern, wat säi uss tau seggen häff!" – Oha, dät schöll mi nu näidaun, wat dor noch wall kummp!

Theda smitt sück in de Bost, luert mit bliede Ogen rundümmetau un smäetket fierlick: „Gerrit, ick will kiene lange Prädigt hollen. Nur soväl. Vör veertaihn Dage büss du lüttke Kiekindewelt bie uss strandet. Mit väl Swunk kömes du äntrieseln un häss väl frisken Wind mitbrocht. Et wör äine bannig gaude Tied mit di. Kiek, un up äine Ort un Wiese hörst du nu maol äinfach tau uss. Kott geseggt, van nu än büss du Ehrenmitglied van use Horumersieler Strandklicke. Un dät för immer. Mit aale Rechte un Pflichten. Äine van diene Pflichten is et, tauminnsten äinmaol in't Johr de änneren Klickenmitglieder tau besöiken. Wi fraiht us nu aal up diene Verside tauken Johr. Vlichte känns du et jao so inrichten, dät du de twäide Junihälwte kumms. Dänn is hier immer äin grotet Fest, use Sielortfete. Un dor mosst du äinfach dorbie wään. Dät mosst du uss unbedingt versspräken, mien Junge. Daist du dät?"

Dät is all 'ne Tied lang her, dät mi so batsti de Wörde fählden. Ick mott äin poor Maol sluken, verdrücke äinige Träönkes un hüünske verlägen: „Ick will jau nicks verspräken, wat ick nich hollen känn. Versöiken dau ick dät up jeden Fall, is doch klor. Man Gerlinde brenge ick dänn uk mit, de is meläwe nich änne Nordsäi wäsen. De häff mi düt-maol all so nietzke änbädelt."

Mit düsse Änspraoke bünt säi aale taufräe. Bevör de Truppe endlick nao'n Bedde gaiht, singet wi aaltauhope noch tau'n Abschied „Wor de Nordsäiwellen trecken än den Strand….". Gaoh mi weg, Frönde trüggelaoten is 'n heller gnadderig Geföihl. Dät dait seer, nettso seer äs Fernweh. Kwatsch, dät is läiper äs Fernweh!

Heimraise

Horumersiel, Straote Am Huf. Vör dät Hus mit de Ferienwaohnungen staiht 'n Pkw, äin Touran. Jau, et is de, den ick all bie miene Änkunft vör 'n Dieck säihn häbb. He, de Heckklappe is jao loss. Twäi Wichter kaomt jüst mit 'n poor Plastiktäsken änsläpen un packet säi up de groten Kuffers in den Laoderuum. „Nu noch use Spältüg, Sophia", röp de gröttere eere Süster tau, „dänn köänt wi dichtmaken, häff Oma seggt." Un weg bünt de baiden. Up düssen Ogenblick häbb ick nur luert. De nich waogt, de nich winnt. Oder uk: „Nich lang snacken – äinfach taupacken!"

Theda un Tammo, mien Abschiedskomitee, ruckssteert wispelig näben mi in de Büsske. Säi laotet de Flunken hangen un bünt heller wortkarg: „Tau Gerrit, de Tied dränget. Kiek weer in un laot di 't gaudgaohn!" „Uk so", mehr krieg ick uk nich rut un schoie gau up mien Taxi tau. Äinen groten Satz, un rin in de Dieselkuttske. Ick mott mi vörsäihn. Dorümme schuulke ick mi däip unner Strandmatten un Jutebüüls un versöike, mi nich väl tau rögen. Et is enge hier, et is düster, un mi is et heller warm, aber ick bün binnen. Dor wunner ick mi nich schlecht äöwer un plinkooge mi sümmes swieneplietsch tau.

Man nu kummp Läwen in de Bude. „Svenja, de Klappe ächten dichte un aale instiegen, uk Oma!" Opa is dor un güff fort de Richtung vör. Wangerland Ahoi! Grotöllern un Enkelkinner ropet eere Gastgäwer äin lutet „Munterbliewen" tau, un miene treuen Vaogelfrönde schicket mi noch 'n poor „Kliiep, kliiep" un „Aau, kjau, kjau" ächterän. Ick vermisse de baiden un de Strandklicke nu all. So 'n Schiet aber uk, worümme mott dät Läwen uk immer so komplizäärt wään.

Bis Friedeburg is et noch ruhig in use Auto. De Wichter rösset sück, un de baiden Olden staiht de Sinn uk nich nao Proten. Aale väier häbbt noch doran tau knabbern, dät de Urlaub för düt Johr daone is. Dänn legg Oma 'ne CD van Musaique up un lätt de Braidelstöcker klappern. Mit de Musik bün ick inverstaohn, de gefallt mi. Opa summet äin bittken schüün mit, un de Enkeldöchter fänget än, de trüggeliggenden Dage uptauarbaiten. Muscheln söiken, de Fohrt mit den Utflugsdamper,

Böiker kopen, de mooie Ferienwaohnung, Pizzeria un Iescafe, Dieckwanderungen un dät Hooksieler Muschelmuseum, allens mott herhollen un werd dörkauet. Dorbie kummp de Vörfraide up dät kaomende Johr in Horumersiel un Fräisland uk nich tau kott.

Opa häff in Tüskentied all de A 31 unner de Sommerreifen naohmen un stüert so sachte de unsichtbore Grense Ostfräisland / Ämsland an. Papenbörg is nich mehr alltauwiet weg. De Mensken vör mi bünt aale beschäftigt, nur ick bün so 'n bittken mautloss. Mi kwället de Fraoge, wenner ick mi än besten so stikum van 'n Äcker maken känn. Wenner hollt de Wagen maol än? Erst in Dalum, wor de väier waohnt? Dänn mott ick aber noch 'n Endken lopen bis nao use Moormuseum, wisse so än de acht bis nägen Kilometer. Un dät mit miene kläinen Biggenföite, dor grauelt mi nu all vör.

Man bi de Mensken is dät jüst so äs bi uss Diere, de Grotmauders häbbt alltied 'ne passende Lösung praot. So uk de Oma van Svenja un Sophia. Mitäins, kott ächter Wesuwe, krigg Opa van Oma Odder, naoßen bi den Rastplatz Heseper Moor äntauhollen. „Wi willt noch äben in de Autobahnkapelle 'ne Kerße änsticken", verklort säi de änneren dräie. „Laot uss den Heergott danken, dät häi uss sünner Schaoden weer nao Hus hen brocht häff!" Ick haope nur, dät säi twäi Kerßen änsticket, dormit ick uk 'ne Schangs häbb, aohne Upsäihn dät Auto tau verlaoten.

Wat Opa verspraoken häff, hollt häi uk; un so böget häi bietied aff. Häi parket dät Auto akraot vör de smucke Backstäinkapelle mit den Gäwelszierraot, stigg ut un recket sück kräftig. De Fohrerdöre häff häi tauklappet. Rumms – rumms – rumms! De änneren dräi Autodören knallet uk dichte un Oma un de Kinner klösset Opa ächterän. So 'n Schietkraom, de Wagen is affslaoten! Un wat nu? Vörsichtig krupe ick ut mien Hauk un peile erstmaol de Laoge. Jawoll – Vulltreffer! Äine van de Wichter häff vergäten, eer Sietenfenster gänz tau sluten. Et staiht halw loss un wachtet up mienen Uptrett. Genau – ick mott derdör!

Äöwer Schauhe, Puppen, Maolböiker un Buntstifte stuwe ick up mienen ‚Notutgang' tau un versöike mi koppheister nao buten tau kwettsken. Mist, miene Morsbatzen klemmt faste. „Jaojao! Mit 'n Kopp dör de Wand nützet nicks, de Eers mott uk mit!" hör ick Mauders maohnende Stömme. Wat schöll 't, äin poormaol mit 'n Ächtersten spaddeln un schon pulter ick up den härten Asphalt. Et dait 'n bittken seer, man änners bün ick sünner Mallör rutkaomen. Dät wör jao Kinnerkraom, wör dät jao! Ick glöwe, dät nöimt man wall Swieneglück. Man nu gau runner van de Autobahn. Nich tau denken, wenn säi mi up 'n lessten End noch tau packen krieget. „Danke Oma un Opa, danke Svenja un Sophia", juche ick bliede un bün all ächter de kläine Kärke verswunnen. Nu is et nich mehr wiet. De lessten äinäinhalw Kilometer bisse ick dwäss dör 'n Süd Häsper Sloot, äöwer de Georg-Klasmann-Straote un äöwer use Hochmoorpand Richtung Väihstall, mien Tauhus, miene Heimat.

Wo ick dät weer so fain henkrägen häff, aale Achtung!

Weer in Huse

„Moin Gerrit, büss du 't wüddelk? Wohrhaftig, häi is et!“ De erste, de mienen Heimwegg krüßet, is Heiko. Häi sitt krummbäint kägen de Holtbrügge un glupt äin Poggenwiefken nao, dät um wall alltaugerne in 't Water locken will. Man nu is häi dör mi afflenket un will äis wäten, wor ick mi so lange rümmedräwen häbb. Ick bün aber nich in de Laoge, üm upstunds allens tau vertellen. Erst is miene Familge drän. „Heiko, wi träfft uss van aobend bie de Remise. So üm sesse, dänn klönt wi 'n Stündken mitnänner. Okay?“ Häi is inverstaohn, un mit 'nen waoghalsigen Sprunk sett häi dät wiesnäset Poggenwicht ächerher.

„Mama, Papa, dor kummp Gerrit. Häi is weer dor!“ Gerlinde häff mi äs erste säihn. Mien Hätte kloppet äs 'n Lämmersteert, un miene Bäine wackelt äs Waldmesterpudding. Ick will mi läiwer vörsäihn, vlichte is Papa grell up mi. Man dät glöv ick nich, häi is doch änners immer so kinnermall. Jau, dor staoht säi de Riege nao. Papa vörneweg, dänn Mama, miene Bröers un Süsters un up 'n lessten End dät kläine Geertken. Un än smulachen un hucheln bünt säi, et is nich tau glöwen. Mi duch, de häbbt mi tatsächlich vermisset. Kienäine is an 't mulen un mucken. „Dor büss du jao weer, du Schmäögel van Jungen“, bölket mien Vaar lut un schuff mi läiwevull nao miene Mamme räöwer. „Kaom äis, du lüttke Utbüxer“, lachet säi äs so 'n Honnigkaukenperd, „de häile Familge is all heller näischierig up diene Aobenteuer, de du beläwet häss.“ Man bevör ick lossleggen känn, fraoget säi mi erstmaol 'ne Riege Löcker in 't Liev:

„Häss du uk alltied genaug tau fräten krägen in Fräisland?“ will Mama van mi wäten.

„Du häss jao 'ne gesunde Kläör krägen.“

„Wi häbbt uss Sargen maket ümme di, worümme häss di nich maol meldet?“ frögg Gerlinde kribbelig.

„Wo nöimt man de Biggen änne Nordsäi? – Meerswienken?“ löckert mien Broer Gerold mi spittoorsk.

„Güff et änne Küste uk lesbären un Pinguine?“ plappert Gesine näischierig un unkünnig.

„Büss uk maol mit 'n Schipp off Sägelboot unnerweggens wäsen?“ güff Papa dänn uk noch sienen Semp dortau.

Un so wieder, un so wieder …!

Än de twäi Stunden vertelle ick dänn aohne Pause van mienen ersten Sommerurlaub. Ick bün in äine Tuur nur än räödeln, miene Snute gaiht äs 'n Klodeckel tau Prumentied. Äntlesste päpert mi de Kopp van 't sabbeln. Gottdänk kummp Heiko dräöwertau, tausamen mit Hilke, dät Poggenwiefken. Änschienend is säi siene näie Fröndin. Man so bruk ick miene Utnaihergeschichte nur äinmoal vördrägen. Dät is jao uk aal wat nao so 'ne lange Raise.

Drömer

Kott vör sesse kummp Meike mit use Aobendäten vörbie. Üm säi afftaulenken, wuselt wi Biggen allmantau dörnänner un jackstert egaolweg van binnen nao buten un weer trügge. Meike häff nämlick de Ängewohnheit, de eer änvertrauten Dierbestände tau äöwerprüfen un dörtautellen. Düttmaol häff säi et wall an de twintig Maol versöcht, man et kömen alltied verschaidene Ergebnisse rut. Häil verwirrt un mit 'n kriedewitt Gesicht is Meike van dannen trocken, un ick bün hundsmöije in 't Stroh fallen un uk fort faste inslaopen.

Drömt häbb ick natürlick uk, unwies väl Gribbelgrabbel, van dütt un dät un van Theda un Tammo un de änneren. Theda kreiset in mienen Drom üm den olden Kärktorn van St. Nikolaus un schräiwet mi tau: „Vergät uss nich, Gerrit, vergät uss nich. Vlichte kaom wi di wenner besöiken!" Un de slaue Tammo sitt riskup up 'nen hämmelblauen Strandkorw mit de Nummer äinhunnertunacht un käbbelt släggferrig: „Denk doran, Gerrit! Dät, wat du in dien Läwen än mäisten bruken daist, bünt de väier groten F's – FAMILGE, FRÖNDE, FUTTERRASCH un nich tau vergäten de FERIEN!"

Jau, dor häff häi rächt, Tammo, de sinnige Prötkesmaker. Häi kwättket jüst so, äs üm de lange, rote Snabel wassen is. Man düsse Möijechait, dät verdrüss mi nietzke, nich tau begriepen. Chr...rr, chr...rrr, chrrrrr! Ick bün noch so släprig, ick draih mi glätt noch maol üm. Mott wall noch bannig väl Slaop naohalen. Miene Fräisland-Raise wör jao äntlesste uk kien ‚Wellness-Urlaub', sünner 'n reddigen ‚Aktiv-Urlaub' un 'ne Beldungsraise taugliek. Herrjee, so 'n verdraihten Kraom, ick hör all weer Stömmen. Dröm ick noch off bün 'ck all wäcker? Wor bün ick äöwerhaupt? Aha, in Huse in usen Swienestall. Ick mott jao wall heller lange in'n Vörmiddäg rinslummert häbben. Kägen mi snaket un snuwet äine liese vör sück hen. Och nee, mien Broer Geertken, den kläinen Puttkert. Häi is wall jüstso möije äs ick. Un de änneren van de Familge? De bünt änschienend all buten un vergnöiget sück tauhope.

Besöik

„Moin!“ – Moin? Dor röp mi well tau, dät köm van de Döre. Nu aber gau de Strohspiers van ‘n Kopp schürret, de Ogendecksel nao baowen un erstmaol tau Verständ kaomen. Nu kiek äis! Twäi Kinner staoht dor in’n Gäng un straohlt äöwer ‘t häile Gesicht, pikfaine Wichter. Un twäi Grote dorbie. Dammi noch maol, nu gaiht dät unwiese Gäbbeln all weer loss. „Guck mal Oma, die beiden Ferkel. Sind die nicht drollig?“

Paah – drollig, dor luer man up. „Opa, können wir das größere Schweinchen mitnehmen? Wir passen auch ganz bestimmt darauf auf. Bitte, bitte Opa!“ De mennt mi! Na, dät fählde mi noch tau mien Glücke, ick flait jau wat. Opa segg nicks, nich Jao un nich Nee. Wat schöll häi uk seggen, Kinner bünt Kinner un bliewet Kinner. Moment maol, de baiden Wichter un de Olden, de kenn ick doch? Bünt säi dät? Dät is jao äin Ding. Man, wenn ick mi de so bekieken dau – tatsächlich!

Nu gripp Oma in ‘t Geschehen in un frögg eere Enkeldöchter: „Na ihr beiden, war das nun eine gute Idee, gleich nach dem Nordseeurlaub mal wieder unser schönes Moormuseum zu besuchen?“ – BINGO! – Ick häbb doch richtig vermauet. Svenja un Sophia mit Grotöllern bünt wohrhaftig hier un besöiket mi un miene Familge. Dönnerkiel, wenn de wüssden, wat ick wäit. Bünt up Verside bi eeren ‚Blinden Passagier‘ un aohnet van nicks. Ick mott schon seggen, so ‘ne pläseerlicke un stillke Ferienbekanntschaft is all wat Wunnerbores. Allens wat rächt is, dät bünt reddige Lühe, de fiert de Fierdage so äs säi fallet!

Goh mi weg; Dät wör di‘n Tuur!

Na denn adjüs uk:

„Mooi is et äöwerall in use dütske Land,
uk än de Äms un uk än’n Nordsäistrand;
wuss du uk maol wat änners säihen,
mak‘ di up Patt, off Grot off Kläin!“

Wo hett dät doch so träffend up hochdütsk?
DEM IST NICHTS HINZUZUFÜGEN.

Laot di dät gaud gaohn !!

Gerrit

För Rika un Gottfried, de eere Museumsgäste mit wunnerbore,
pläseerlicke Führungen alltied 'ne grote Fraide makt häbbt.

Un för Heinrich, de mit de välen Besöiker in sienen Törfexpress
immer sicher äöwer 't Hochmoor bümmelt is.

För dät Herutgäwen van dütt Märchenbauk häff inne Knippe grääpen
de Emsländske Sporkassenstiftung in Möppen.

Herutgäwen häff dät Bauk
de Emsländske Heimatbund, Schlott Clemenswerth bi Sögel.

Verdräwen werd dät Bauk van
de Bökeräi van'n Emsländsken Heimatbund midden in Möppen.

Tau kopen is et wiet un siet in'n Baukhandel
un in dät Emsland-Moormuseum, wor Gerrit in Huse is.

Tau'n Bauk maket häbbt de Vertellsels un de Belder
de Dom Medien in Ossenbrügge
un de Druckeräi Schmücker in Löningen.

ISBN 978-3-88077-146-8